JANE DE LA VAUDÈRE

VICTOR HUGO

GRANDE SCÈNE DRAMATIQUE

PARIS
LIBRAIRIE THÉATRALE
30, RUE DE GRAMMONT, 30

1904

VICTOR HUGO

GRANDE SCÈNE DRAMATIQUE

Jouée à l'inauguration du Théâtre VICTOR HUGO.

DU MÊME AUTEUR :

POÉSIE

Les Heures Perdues	1	vol.
Le Modèle, comédie en un acte, en vers (épuisé). . . .	1	—
Royauté Morte, conte fantastique en 1 acte, en vers. .	1	—
L'Éternelle Chanson, ouvrage mentionné par l'Académie française	1	—
Minuit	1	—
Évocation.	1	—
Les Baisers de la Chimère.	1	—

PROSE

Mortelle étreinte, roman.	1	vol.
L'Anarchiste, roman	1	—
Rien qu'Amante! roman.	1	—
Le droit d'Aimer, roman	1	—
Ambitieuse, roman.	1	—
Les Sataniques, nouvelles.	1	—
Les Demi-Sexes, roman.	1	—
Le Sang, roman	1	—
Les Frôleurs, roman.	1	—
L'Amuseur, roman.	1	—
Trois Fleurs de Volupté, roman	1	—
Les Mousseuses, nouvelles.	1	—
Le Mystère de Kama, roman.	1	—
L'Amazone du Roi de Siam, roman.	1	—
La Mystérieuse.	1	—
Les Androgynes, roman.	1	—
Les Courtisanes de Brahma, roman	1	—
L'Expulsée, roman.	1	—

THÉATRE

Madame Laurence, pièce en trois actes.
Les Félins, comédie en trois actes.
Le Droit d'Aimer, comédie en trois actes.
Le Fils, pièce en deux actes.
Les Frôleurs, comédie en trois actes.
Pour une nuit d'Amour! drame en un acte d'après le conte d'Émile Zola.
Les Trois Mousmés, conte japonais en un acte (en collaboration), musique de Georges Charton.
Vanitza, fantaisie florentine en un acte, musique de Jane Vieu.
Les statues, comédie en vers (en collaboration).
Tanagra, pièce en quatre actes en vers.
Le Feu qui couve, comédie en quatre actes.
Victor Hugo, pièce en vers, en un acte

JANE DE LA VAUDÈRE

VICTOR HUGO

GRANDE SCÈNE DRAMATIQUE

PARIS

LIBRAIRIE THÉATRALE

30, RUE DE GRAMMONT, 30

1904

PRÉFACE

Victor Hugo guida mes débuts dans la carrière littéraire. Il voulut bien accueillir avec faveur mon premier petit cahier de vers, celui que, gamine, j'avais noirci au hasard de l'inspiration, célébrant les roses, les abeilles, les eaux chantantes, brodant sur tout et sur rien avec cette foi passionnée de l'enfance et de l'adolescence que rien encore n'a pu ternir.

« Vous avez, m'écrivait-il, une âme de poète ; vous avez, surtout, ce qui ne s'apprend pas, ce qui est un don de nature puissant et rare, l'enthousiasme du beau et la bonté. »

Cette appréciation trop flatteuse du grand poète ensoleilla mes œuvres. Je me laissai aller à la douceur de croire, d'espérer, d'aimer, et de le dire en nombreuses pages émues que le Maître, hélas! ne connut pas.

Aujourd'hui, je veux lui rendre un fervent hommage, en retraçant, non sa vie réelle, — — il ne tint jamais à la raconter, — mais quelques scènes de sa vie idéale, toute remplie d'aspirations ardentes vers la liberté, l'union et l'égalité des peuples.

Sa personnalité, entièrement absorbée par son génie poétique, plana très haut dans le rêve qu'il anima de sa merveilleuse imagination. Victor Hugo ne fut pas un homme à notre taille, mais un géant magnanime, une sorte de dieu perdu dans la clarté.

Ses premières années sont connues. Il naquit à Besançon, le 26 février, 1802, d'un père lorrain, officier de fortune au service de Napoléon et d'une mère vendéenne. Il suivit ses parents en Corse, en Italie, en Espagne, et garda de ces voyages une impression lumineuse, une caresse d'or dont il se grisa toute sa vie.

Ses *Orientales* sont des fusées de gemmes rares scintillant dans notre brouillard, éclatant très haut dans notre ciel nostalgique, lui apportant les apothéoses des pays du soleil. Plus tard, Victor Hugo composera des paysages, plus tard encore des monuments. Nous contemplerons des montagnes de granit sculptées au ciseau par l'ouvrier prestigieux. Chaque colonne sera fouillée, de la base au sommet, chaque muraille ressemblera à une guipure précieuse. Et les blocs de pierre, admirables vestiges des temps passés, porteront en eux leur allégorie, leur souvenir, leur symbole. Dans la *Légende des siècles*, les civilisations éteintes, les peuples oubliés, dont la poussière est retombée, depuis des milliers d'années, dans le creuset humain, nous livreront le secret de leurs vices et de leurs grandeurs !

Victor Hugo rajeunira les mythes des anciennes croyances. D'ailleurs, ce n'est pas l'homme qui vieillit, ce sont ses institutions qui n'ont plus de sève, qui ne distillent plus la force et la vie. Le poète retourne avec son imagination et son cœur l'héritage qui a trop produit, qui demeure stérile, quelle que soit la graine qu'on lui confie. Le poète devine le mystère des choses, et deviner c'est presque créer !... « La poésie, dit Chateaubriand, est la perception divinatrice des rapports secrets qui lient le monde matériel au monde moral, l'homme à Dieu ! »

L'auteur d'*Hernani*, de *Marion de Lorme*, du *Roi s'amuse*, de *Ruy Blas*, a marqué, dès les premières œuvres où sa libre personnalité a pu trouver son expansion, les tendances philosophiques et morales qui forment l'unité réelle de ses opinions.

En 1830 la lutte avait éclaté, terrible, entre les romantiques et les classiques, les *Jeune-France* et les *Philistins*. Le théâtre offrait à tous un champ de bataille incomparable, et c'est à la représention d'*Hernani* que Victor Hugo triompha le plus complètement. « Temps merveilleux ! s'écrie Théophile Gautier. La préface de « Cromwell » rayonnait à nos yeux comme les tables de la loi du Sinaï... Les générations actuelles doivent se figurer difficilement l'état des esprits à cette époque qui vit s'opérer un mouvement pareil à celui de la Renaissance. Une sève nouvelle circulait impétueusement ; tout germait, tout bourgeonnait, tout éclatait à la fois. Des parfums vertigineux se dégageaient des fleurs, l'air grisait, on était fou de lyrisme et d'art! Il semblait qu'on vînt de retrouver le grand secret perdu. Et c'était vrai, on avait retrouvé la poésie... Car ils combattaient pour l'idéal et pour la liberté de l'art, ceux qui, répondant au cor d'Hernani, s'engagèrent, à sa suite, dans l'âpre montagne du romantisme, et en défendirent vaillamment les défilés contre les attaques des classiques. »

Autour du Maître se pressaient Nodier, Alfred de Vigny, Gérard de Nerval, Alexandre Dumas, Alfred de Musset, Auguste Maquet, Sainte-Beuve qui s'écriait :

Nous sommes devant vous comme un roseau qui plie.
Votre souffle, en passant, pourrait nous renverser !

Tous les talents d'alors formaient une auréole glorieuse au grand poète. Et c'était vraiment une figure inoubliable que celle que l'auteur d'*Emaux et Camées* a dépeinte ainsi : « Un front monumental couronnait comme un fronton de marbre blanc son visage d'une placidité sérieuse. Il était d'une beauté et d'une ampleur surhumaines ; les plus vastes pensées pouvaient s'y écrire ; les couronnes d'or ou de laurier s'y poser comme sur un front de Dieu ou de César. Le signe de la puissance y était. Des cheveux châtain clair l'encadraient et retombaient un peu longs. Du reste, ni barbe, ni moustache, ni favoris, ni royale ; une face soigneusement rasée, d'une pâleur particulière, trouée et illuminée de deux yeux fauves pareils à des prunelles d'aigle, et une bouche à lèvres sinueuses à coins surbaissés, d'un dessin ferme et volontaire qui, en s'entr'ouvrant pour sourire, découvrait des dents d'une blancheur éclatante. »

L'ampleur créatrice du poète se retrouve la même dans la *Légende des siècles*, *Notre-Dame*, *Quatre-vingt-treize*, les *Misérables* ; et les douze années de labeur qui séparent *Notre-Dame de Paris* des *Lettres sur le Rhin* représentent le complet épanouissement de ce prodigieux talent. Quatre recueils de vers, qui contiennent peut-être la plus haute expression de la poésie française, se succèdent en ce laps de temps : *Les feuilles d'automne*, les *Chants du Crépuscule*, les *Voix intérieures*, les *Rayons et les Ombres*.

L'Académie, en 1841, s'ouvrit pour le poète, consacrant la révolution qu'il avait accomplie. Nommé pair de France en 1846, Victor Hugo se signala par son ardent libéralisme et fut accusé d'apostasie par ses anciens partisans. Pourtant, son génie même, ses constants efforts vers une conception nouvelle du beau, du bon et du juste expliquent toute sa carrière politique. Fidèle à ses impressions comme à ses opinions raisonnées, il devait rejeter la contrainte des lois et des régimes. Il vota contre la peine de mort et la déportation, prôna les mesures de clémence et de réparation sociale; mais il le fit plutôt en idéaliste et en idéologue qu'en homme d'Etat. Ses contemporains n'étaient point mûrs pour ces grandes idées d'émancipation et de rénovation. Il ne sut se mettre au niveau des socialistes et des économistes qu'il espérait soutenir. Des railleries, des injures, des rancunes, c'est tout ce que le grand poète retira de ces cinq années de parlementarisme. L'attentat du deux décembre mit fin à sa carrière politique. Traqué, menacé de mort, il se réfugia à Bruxelles, puis à Jersey, et, enfin, à Guernesey d'où il pouvait encore songer aux rivages adorés de France.

J'ai voulu, avec le Maître, revivre quelques heures de cet exil douloureux. L'Aigle terrassé bat des ailes vers la patrie ingrate, et toujours proche ; il tend vers elle toutes les énergies formidables de sa pensée et compose ce poème unique et superbe : Les *Châtiments*. C'est le grain nouveau qui germera lentement dans les sillons pour les récoltes de l'avenir et dont la fermentation bientôt soulèvera le monde !.. Le peuple comprendra l'effort surhumain du vaincu, il l'acclamera comme un monarque, lorsque coulera le sang de l'Empire impuissant et détesté, lorsque toutes les fausses institutions s'effondreront dans l'abîme. Certes, il y aura des larmes, des cris, des sanglots, des meurtres, comme il y a des orages, des tremblements de terre, des éruptions volcaniques pour une éclosion nouvelle et une plus grande beauté. Les crimes, les misères et les tortures de l'homme sont peut-être profitables à l'homme qui se perfectionne par la souffrance.

Humble poète, j'ai voulu, en quelques vers émus, évoquer les tristesses et les espoirs de l'Aigle, j'ai voulu mêler une note personnelle et tendre au formidable cantique de regrets et de louanges qui fait encore trembler les voûtes du Panthéon.

JANE DE LA VAUDÈRE.

VICTOR HUGO

GRANDE SCÈNE DRAMATIQUE

Jouée à l'inauguration du Théâtre VICTOR HUGO.

PERSONNAGES

LE POÈTE. . . . . M. BERNARD.
LA LIBERTÉ. . . . . Mme GINA BARBIERI.

VICTOR HUGO

La chambre du poète durant son exil à Guernesey. Le jour peu à peu décline ; le couchant s'embrase, tandis que de légères brumes bleuâtres estompent la mer et les rochers que l'on aperçoit par une large baie ouverte. Quelques barques, aux voiles éployées, passent lentement ; une voix mâle, jeune et chaude sort de l'une d'elles, se mêle au murmure monotone des vagues, vient bercer la rêverie douloureuse du poète. Celui-ci est assis, à gauche, devant une table chargée de papiers épars. Il a relevé la tête et ses regards se portent vers l'horizon où le ciel et les ondes semblent se joindre dans l'agonie ardente du soleil. Autour de lui l'obscurité se fait. A droite, dans le fond de la pièce, une statue de la Liberté se détache toute blanche sur les tentures sombres.

LA VOIX DU PÊCHEUR, au loin.

J'avais une amoureuse
Au beau pays breton ;

Blonde, fine et rieuse,
Une rose en bouton!
Tous les gars du canton
Courtisaient la charmeuse!

J'avais une amoureuse
Au beau pays breton!

LE POÈTE, *se levant, et s'approchant de la fenêtre.*

C'est un pêcheur breton qui pense à sa promise :
Coiffe blanche, doux yeux, et bien moins de vingt ans!
Au seuil de son logis, elle demeure assise,
Eglantine d'avril dans les fleurs du printemps.

LA VOIX, *qui s'éloigne.*

J'avais une amoureuse
Dont j'étais le servant!
La brise marieuse
Me prit mon cœur fervent
Et l'emporta, rêvant,
Vers la blonde enjôleuse.

J'avais une amoureuse
Dont j'étais le servant...

LE POÈTE.

La voix est caressante et la chanson jolie,
Légère, elle s'envole, ainsi qu'un papillon,
Vers le pays ingrat qui, maintenant, m'oublie :
Elle passe, et j'attends, morne, dans le sillon,

Insultant, nuit et jour, cette terre maudite
Dont nul secours humain ne saura m'exhumer !
O dieu des amoureux ! fais que je ressuscite
Pour te chanter encor, te bénir et t'aimer !

Avec découragement.

Le soir déjà descend sur ma désespérance,
Je me sens plus souffrant et plus abandonné ;
Pourtant, je ne puis croire à ton indifférence,
Pays que j'ai chéri d'un cœur passionné !

Spectre de mon bonheur ! Songe d'ardente ivresse,
Se peut-il que déjà tu te sois effacé ?
Je suis faible et transi comme si la vieillesse
Avait jeté sur moi son suaire glacé !

Tout le jour, plein d'effroi, j'ai parcouru la grève,
Ecoutant les sanglots mornes de l'Océan,
Déchirant aux rochers les ailes de mon rêve
Qui retombait après son inutile élan !

Il se met à sa table de travail, essaie d'écrire... La plume court, fiévreuse, sur le papier. Puis, il s'arrête, relit, froisse et déchire ce qu'il a écrit.

Non, je ne trouve rien ! ni la rime sonore,
Ni le symbole ardent, aux feux capricieux,
Que je voyais surgir, ainsi qu'un météore,
Et qui, soudainement, illuminait mes cieux.

L'ombre se fait en moi, comme dans la campagne,
C'est le deuil, c'est l'exil, le doute persifleur...

Ma muse même a fui!... Je pleure la compagne
Qui me pressait jadis sur ses lèvres en fleur!

Il contemple avec tristesse la statue de la Liberté et joint les mains, plein de ferveur.

Liberté! Liberté! C'est le proscrit qui t'aime!
N'entendras-tu jamais son déchirant appel?
Et n'aura-t-il un jour la volupté suprême
De chercher sur ton sein le repos éternel?..

La statue de la Liberté s'anime, tend les bras. Un rayon mystérieux la baigne de lueurs sidérales; elle sourit au poète qui demeure en extase.

LE POÈTE, avec ravissement.

Miracle! Enchantement!

LA LIBERTÉ.

O poète, la France
Ne t'a point oublié! Chéris-la! Chante encor
Pour bercer tes regrets et calmer ta souffrance,
Faire, dans ton ciel noir, flamber les astres d'or!

LE POÈTE, après un moment de silence, secoue la tête; le doute de nouveau s'est emparé de lui.

Oui, je te reconnais... mais ma voix s'est éteinte;
Je ne retrouve plus l'hymne joyeux et fier;
Seuls, les oiseaux de nuit font entendre leur plainte,
Les messagers d'amour ne chantent point l'hiver!

LA LIBERTÉ, descend de son piédestal ; sereine et lumineuse, d'un geste large elle semble embrasser les champs, les ondes, la nature entière.

Les messagers d'amour veillent dans le mystère,
Car l'amour ne meurt pas quand un amour est mort !
L'espoir d'autres baisers vient caresser la terre
Quand dorment les baisers défunts de messidor !

Tout fleurit, tout renaît ! Tout se transforme et vibre !
Tes découragements, frère, sont criminels,
Car Dieu quand tu naquis, pour guider l'homme libre,
Te fit don de la lyre aux accents éternels !

Chante, mon beau poète ! afin que resplendisse
Les bois, les monts, les eaux, et la nuit ! et le jour !
Fais à la Liberté ce dernier sacrifice :
L'oubli de ton orgueil vaincu par ton amour !

LE POÈTE, avec passion.

Ta voix descend en moi comme une onde de flamme,
Fantôme rayonnant que j'adore à genoux !
Je t'ai donné ma vie et tu m'as pris mon âme,
Te donner plus encor, France, me serait doux ..

Mais la foudre a grondé, tout tremble à son approche !
Et du grand drame humain Dieu change, le décor...
Vois le flot se briser, tout à coup, sur la roche
Et l'alcyon lointain reprendre son essor ?...

O découragement sombre de la pensée !
Vous êtes le roc noir plein d'horreur, de péril,

Où se laisse tomber, l'aile à jamais blessée,
L'alcyon au grand vol qui se meurt dans l'exil!

LA LIBERTÉ.

Quand l'orage a passé reparaît la lumière,
L'homme se sent meilleur après avoir pleuré;
Sous les coups du destin ta vaillance première
Saura souffler la vie au poème doré!

LE POÈTE.

Oh! croire au bien, au beau! défaillir d'espérance!
Faire jaillir, soudain, ineffable liqueur!
Le flot harmonieux d'amour et de croyance
Qui prend sa source au ciel et descend jusqu'au cœur!...

La Liberté, montre l'horizon qui s'illumine; sur le ciel où pointaient les premières étoiles passent, maintenant, dans une vision rouge, les troupes haletantes, en colonnes serrées, allant au combat. Les sons affaiblis de la *Marseillaise* arrivent par lambeaux; puis, ce sont des roulements de tambours, des sonneries de clairons emportés dans la brise. Un grand émoi traverse la campagne sous le tonnerre de l'artillerie qui défile au trot avec les pièces sonores accompagnées de leur caisson et de leur pointeur. Les canons brillent semblant déjà vivre d'une vie formidable, et cracher leur âme vengeresse... Bientôt l'action s'engage; les cadavres jonchent le sol...

LE POÈTE, avec terreur.

Qu'est-ce donc?...

LA LIBERTÉ.

Tu verras se suivre les batailles;
Tes frères, décimés, tomber dans un frisson !
Et de tant de combats et de mornes semailles,
Sortira, dans la honte, une affreuse moisson !
Wissembourg ! Frœschwiller ! Sedan ! ces noms de haine
Résonneront pour tous ainsi qu'un glas de deuil !
Comme pour des proscrits, qu'un même crime enchaîne,
Le passé constamment brisera son cercueil !...
Vois ces blessés hagards que la fièvre soulève
Et ces agonisants aux membres mutilés ?...

LE POÈTE.

Ah ! quelle vision ! quel effroyable rêve !
Ces cadavres tordus, ces spectres affolés
Semblent lever vers moi leur main accusatrice,
Leur bouche me maudit et je sens leur regard
Qui, comme un glaive aigu, jusqu'à mon sein se glisse !...
De tant d'iniquités aurai-je donc ma part ?...

LA LIBERTÉ.

Les affreux souvenirs, comme des grains de sable,
S'envoleront au souffle ardent de l'aquilon !...

LE POÈTE.

Les corps de nos enfants gonfleront le vallon...
Ah ! comme d'être un homme on sera méprisable !

Les images de meurtre et de carnage se succèdent sur le ciel incendié. Les mitrailleuses vomissent une grêle de balles qui fauche les combattants, des soldats se relèvent, courent à la baïonnette sur l'ennemi, enjambant les cadavres qui leur font obstacle. C'est Sedan, c'est Bazeilles où des maisons flambent, où des agonisants, piétinés par les chevaux, se convulsent sur la terre gluante et rouge. Une immense plainte se mêle au crépitement de la fusillade, au grondement du canon.

LE POÈTE, haletant, suit le drame grandiose.

Des râles, des soupirs partent du sol sanglant !
Le mortel tourbillon monte, monte sans cesse !...
Voici les cuirassiers dans leur grand manteau blanc...
Leur front casqué d'éclairs fièrement se redresse.

Au sol noir des moissons, lumineuse moisson,
Ils grandissent encor, sous le canon qui clame !
Et semblent secouer, au loin, sur l'horizon,
Comme un dernier défi leur chevelure en flamme !

Avec plus de douceur.

Voici l'artillerie et les petits soldats
Qui s'en vont à la mort comme à des fiançailles,
En route ils ont chanté, pour braver le trépas,
Et cueillent en riant le bouquet des mitrailles.

Ah ! le beau bataillon ! le sublime troupeau !
Qui, devant l'ennemi, reste, vivante cible,
Gardant les trois couleurs flottantes du drapeau,
Et qui, dans la défaite, est encore invincible !

Après un silence.

Mais pourquoi tant d'horreur ! de désolation ?...
Dissipe, ô Liberté, la sombre vision !..

LA LIBERTÉ.

Ainsi qu'en l'Océan passe un courant rapide,
Une vague de feu dont l'ardeur intrépide
Vient calmer des autans l'effort dévastateur,
Tes vers feront couler, en l'âme inassouvie,
Le flot brûlant d'amour et d'espoir créateur
Qui, dans les champs de mort, fait éclater la vie !..

L'affreuse vision change encore. Après la guerre avec l'étranger, c'est la guerre intérieure. Le ciel s'empourpre d'une lueur sinistre. L'incendie des Tuileries, l'immense fournaise de l'Hôtel-de-Ville barrent l'horizon d'une montagne lumineuse. On dirait un cratère ouvert soudainement sous la poussée d'une lave furieuse pour anéantir la ville maudite de luxe et de joie. Dans les rues qui semblent, elles aussi, rouler des fleuves de pétrole enflammé, la fusillade éclate encore derrière les barricades. Des hommes tombent, d'autres les remplacent, et, contre les murs, des prisonniers sont amenés et tués presque à bout portant. C'est la lutte, toujours, une boucherie sans merci, une scène d'horreur laissant loin derrière elle les représailles des nations ennemies. Des troupeaux de victimes, jetées pêle-mêle sous les canons des fusils, agonisent; les blessés — parfois des femmes, des enfants — se traînent, puis retombent, achevés à coups de crosse. Le sang ruisselle et les tombereaux emportent les morts vers les trous de terre noire, toujours ouverts.

LE POÈTE.

Ah ! quels cris de détresse !.. Au loin, cette clarté,
Qu'est-ce donc?...

LA LIBERTÉ.

La bataille encore et l'incendie,
Le pillage et la faim! c'est Paris révolté
Qui reprend dans ses murs l'affreuse tragédie!
Paris exténué, fiévreux, démentiel,
Paris ivre d'horreurs, de crimes, de désastres,
Paris dont l'agonie illumine le ciel,
Effroyable bûcher qui fait pâlir les astres!

La Liberté étend les bras vers la vision fatale dans un geste de malédiction et tout disparait. Seul, le rayon mystérieux, qui l'enveloppe d'une clarté bleuâtre, brille avec intensité. Elle se rapproche du poète qui reprend, après un moment de tragique silence :

Comme nous serions forts si nous étions meilleurs,
Toujours prêts au pardon qui calme et régénère,
Oublieux de l'outrage et des mépris railleurs!..
Mais chacun, ici-bas, demeure solitaire...

Nul passant, au passant, ne veut tendre la main,
La dureté des lois fait les lois de faiblesse!
L'homme est abandonné dans le désert humain,
Et constamment en lui sanglote sa détresse.

Se tournant vers la Liberté.

Liberté qui m'enflamme! ô grande Liberté!
Nous avons, tous les deux, de trop fragiles ailes
Pour pouvoir nous poser aux rives éternelles,
Et nous tombons plus bas dans notre obscurité!

Les peuples réunis devraient régir le monde!
Pourquoi s'entre-tuer? la guerre a fait son temps;
Plus de cruels tournois, de frères combattants!
Une âme de bonté dans une paix profonde...

Je voudrais abolir les iniques débats
Des hommes, entraînés par la lutte inégale,
La misère livide et l'affreuse fringale
De ceux qui n'ont jamais eu leur pain ici-bas.

Plus de haine, d'abus, de guerre, de frontière!
Rien que la grande loi de solidarité;
Rien qu'un groupe d'humains et rien qu'une cité
Couvrant d'un même amour la terre tout entière!

LA LIBERTÉ, souriant avec mélancolie.

Ah! tu planes trop haut dans le ciel étoilé,
L'humanité ne peut partager ton ivresse!

LE POÈTE.

Oui, j'ai pour mon pays trop de pure tendresse,
C'est pour ce crime, hélas! que je suis exilé.

LA LIBERTÉ.

Tu feras dans le deuil un sublime poème.
Bénis donc ton exil, Maître victorieux!
Le généreux pardon fait la force suprême,
Et les plus éprouvés sont les plus glorieux;
L'on est tout près de Dieu, poète, quand on aime!

Debout, près de lui, elle semble l'envelopper de mystérieux effluves, lui donner l'énergie occulte du travail et de la volonté.

LE POÈTE.

Ah! je me sens renaître!

LA LIBERTÉ, avec feu.

Un jour tu reviendras
En ton pays chéri qui ne t'oubliera pas!

Elle reprend la plume, tombée à terre, et la lui tend.

Travaille pour la France!

Après un moment d'hésitation, de trouble, il obéit à l'inspiration et se met à écrire avec une joyeuse ardeur; puis il se tourne vers la Liberté, le regard inspiré, les mains frémissantes.

LE POÈTE.

En moi tout s'illumine!
Ta splendeur est semblable aux lointains embrasés
Pour l'exilé meurtri qui lentement chemine.

LA LIBERTÉ, *reculant vers la baie du fond qui, maintenant, représente l'Arc-de-Triomphe.*

Ah! viens te réchauffer au feu de mes baisers,
Viens reposer ton âme aimante sur la mienne,
Sans souci du passé, de la douleur ancienne,
Sans hésitation, sans crainte et sans remord...

LE POÈTE.

Oui la vie, en ce monde, est faite de la mort!
D'admirables moissons sortiront de la terre,
Partout où coulera le sang de nos soldats...
C'est le mal, c'est le bien, c'est l'éternel mystère,
Dont nous vivons, aimons et mourons ici-bas!

La Liberté a gagné le centre de l'Arc : de glorieux rayons lui font une auréole ; elle s'élève peu à peu dans une apothéose, tandis que le poète éperdu tend les bras vers elle.

LE POÈTE.

Liberté, je t'attends! Liberté, je t'adore!
Tu fais passer en moi le long frissonnement
Du poète inspiré, cet éternel amant,
Dont la muse est semblable à l'abeille sonore.

Je chanterai pour toi, prédisant ton aurore!
Après les jours obscurs, les nuits de châtiment,
Où les spectres maudits, avec acharnement,
Assaillent le proscrit que le regret dévore.

Tu me donnes la Foi que je cherchais en vain,
Je découvre, surpris, le refuge divin
De la Charité sainte, aux tendresses avides,

Sous le vol triomphant de l'Espoir rédempteur!
Qu'importe le réveil sous les brumes livides,
J'ai caché le Soleil tout entier dans mon cœur!

FIN

Imprimerie Générale de Châtillon-sur-Seine. — A. Pichat.

A LA MÊME LIBRAIRIE

Dernières nouveautés pour salons et sociétés.

	H	F	Prix.
Accident de bicyclette, comédie	2	»	1 »
Affaire Boreau (L'), comédie	3	»	1 »
Aimable lingère (Une), comédie	4	2	1 50
Anglais tel qu'on le parle (L'), comédie	6	2	1 50
Au diable ces étudiants, comédie	1	1	1 »
Bisbis de ménage, comédie	1	2	1 »
Cambrioleur (Le), comédie	5	»	1 »
Chanoinesse (La), comédie	»	4	1 »
Chapeau du commissaire (Le), comédie	5	»	1 »
Cher maître, comédie	2	5	1 »
Chez l'avoué, comédie	3	»	1 »
Chez la Princesse, comédie	7	»	1 »
Chez la somnambule, comédie	3	»	1 »
Chez le ministre, comédie	3	2	1 »
Consolateur (Le), comédie, (costumes Louis XVI)	2	2	1 50
Consultation de 1 h. à 3, comédie	1	1	1 »
Correspondance (La), comédie	4	2	1 »
Contre-appel, bouff. militaire	6	2	1 50
Dans la grande roue, comédie	1	1	1 50
Dans le bleu, comédie	2	3	1 50
Droit des époux, comédie	2	2	1 50
Fleur d'antichambre, comédie	2	1	1 50
Franches lippées, comédie	3	3	1 50
Goberon, comédie	5	2	1 50
Ici on marie, comédie	3	2	1 »
Idée de ma tante (Une), comédie	1	2	1 »

	H	F	Prix.
Jeu de l'amour et du bazar (Le), comédie	1	2	1 50
Je vais m'en aller, comédie	1	1	1 »
Lézard (Le), comédie	»	2	1 »
Limaçon (Le), comédie	1	2	1 »
Madame Bigarot n'y tient pas, comédie	3	3	1 50
Madame et Monsieur, saynète	1	1	1 50
Mademoiselle est sortie, comédie	1	2	1 50
Marie-Antoinette et son cercle (costumes du temps), comédie	»	7	1 »
Mariage d'amour, comédie	1	1	1 »
Mariage d'inclination, comédie	»	2	1 »
1807, comédie	4	3	1 50
Mon noyé, comédie	2	1	1 50
Notre candidat, comédie	1	2	1 »
Œil de verre (L'), comédie	1	2	1 50
Par devant notaire, comédie en vers	1	1	1 50
Pardon bien gagné (Un), comédie	2	2	1 »
Pas de politique, comédie	»	2	1 »
Pelote (La), comédie	3	»	1 »
Petit bleu de la cousine (Le), comédie	»	3	1 »
Poulailler (Le), comédie	2	6	1 50
Prix de vertu (Le), comédie	4	4	1 50
Quatorzième convive (Le), comédie	2	2	1 »
Serment d'Yvonne (Le), comédie	2	2	1 50
Seul!... enfin, comédie	1	1	1 »
Signal d'alarme, comédie	1	1	1 »
Snobinette, comédie	2	1	1 »
Terrible affaire, comédie	5	»	1 »
Totote, comédie	»	2	1 »
Vrai courage (Le), comédie	5	»	1 »

Imprimerie Générale de Châtillon-sur-Seine. — A. PICHAT.

www.ingramcontent.com/pod-product-compliance
Ingram Content Group UK Ltd.
Pitfield, Milton Keynes, MK11 3LW, UK
UKHW022142260726
13993UKWH00005B/2098